„Hier ist der kleine Prinz auf der Erde erschienen und wieder
verschwunden. Schaut diese Landschaft genau an, damit ihr sie sicher
wiedererkennt, wenn ihr eines Tages durch die afrikanische Wüste reist.
Und wenn ihr zufällig da vorbeikommt, eilt nicht weiter, ich flehe euch
an – wartet ein bißchen, gerade unter dem Stern! Wenn da ein Kind
auf euch zukommt, wenn es lacht, wenn es goldenes Haar hat, wenn es
nicht antwortet, so man es fragt, dann werdet ihr wohl erraten, wer es
ist. Dann seid so gut und laßt mich nicht weiter so traurig sein: schreibt
mir schnell, wenn er wieder da ist ..."

Antoine de Saint-Exupéry
Le Petit Prince (Der kleine Prinz)

Dichter und Pilot **Antoine de Saint-Exupéry**

Fotografien von John Phillips

Collection du Musée de l'Elysée, Lausanne

Mit Texten von
Antoine de Saint-Exupéry
John Phillips
Charles-Henri Favrod

Scalo Verlag Zürich – Berlin – New York

Dank des Autors

Ich danke Charles-Henri Favrod, dem Direktor des Musée de l'Elysée (Fotomuseum Lausanne) für die erste Idee zu diesem Buch. Sie entstand anläßlich der Retrospektive meines Werks, die Favrod im April und Mai 1989 im Musée de l'Elysée organisiert hatte. Ich danke ebenso seinen engen Mitarbeitern bei diesem Projekt, Philippe Lambelet und André Rouvinez, sowie Philip Morris, Michael Ringier, der Wochenzeitung *Illustré* (Lausanne), Eastman Kodak und Carmine Ercolano, der die Abzüge für das Buch und die Ausstellung gemacht hat.

Die Herausgeber danken Moritz Suter und der Crossair SA, Basel.

Dichter und Pilot Antoine de Saint-Exupéry

Fotografien von John Phillips

Mit Texten von John Phillips, Antoine de Saint-Exupéry und Charles-Henri Favrod

Übersetzung aus dem Englischen: Franziska Streiff;

aus dem Französischen: Irene Rey

Gestaltung: Hans Werner Holzwarth, Design pur, Berlin,

nach einer Vorlage von Werner Jeker, Lausanne

Herstellung: Steidl, Göttingen

Inhalt

Vorwort

Am 10. Mai 1944 treffen Antoine de Saint-Exupéry und John Phillips an Bord einer B 26 in Alghero auf Sardinien ein. Der amerikanische General Eaker, Oberkommandierender der Alliierten Luftstreitkräfte im Mittelmeerraum, hatte sich schließlich überzeugen lassen und dem als Militärpiloten zu alt gewordenen Saint-Exupéry die Wiederaufnahme in die Staffel von Oberst Gavoille bewilligt. John Phillips hatte sich dabei vehement für Saint-Exupéry eingesetzt, wobei er sich nachträglich fragt, ob dies richtig war. Doch Saint-Exupéry war in Nordafrika trübsinnig geworden. Es war ihm unmöglich, untätig im Hinterland zu bleiben. Er wollte fliegen, und sobald er wieder durfte, schlug seine Stimmung um. Dem, der ihm die Rückkehr zu den unbewaffneten Beobachtungsflügen ermöglicht hatte, fühlte er sich zu großem Dank verpflichtet. Sie waren Freunde, er und John Phillips – Journalist und Fotograf für das Wochenmagazin *LIFE* –, der sogar französisch sprach und sich auch gerne amüsierte. Und Saint-Exupéry hatte ja auch gesagt: „Es ist mir ganz gleich, ob ich im Krieg umkomme …"

Vom 10. bis zum 30. Mai 1944 machte John Phillips viele Fotografien von der Basis von Alghero. Dies sind denn die letzten Bilder der letzten Tage; am 31. Juli kehrte die P 38 F 5 B NO. 223 des Majors Saint-Exupéry nicht mehr von ihrem Einsatz über Frankreich zurück.

Dieser erstaunlichen Reportage gibt es eigentlich nichts weiter hinzuzufügen, auch nicht dem Kommentar von John Phillips oder dem „Brief an einen Amerikaner", dem Text, den John Phillips so hartnäckig zu fordern verstand. Als Kind eines walisischen Vaters und einer amerikanischen Mutter 1914 in Algerien geboren, ist John Phillips ein echter Weltenbürger und zugleich ein aufmerksamer Zeuge dieses Jahrhunderts, das so viele Ereignisse hervorgebracht hat. Viele hat er direkt miterlebt, mit Geist und Kaltblütigkeit. Aber er hat sich deswegen nie etwas eingebildet, auf dieser „terre des hommes".

Charles-Henri Favrod
Direktor des Musée de l'Elysée, Fotomuseum, Lausanne

Flieger Antoine de Saint-Exupéry

Charles-Henri Favrod

Antoine-Marie-Roger de Saint-Exupéry wird am 29. Juni 1900 in Lyon geboren. Seine Familie läßt sich später in Mans nieder, wo er 1909 in die Jesuiten-Schule Notre-Dame de Sainte-Croix eintritt. Zu seinem ersten Flug startet er 1912 auf dem Flugplatz von Ambérieu mit dem Piloten Védrines. 1914 schickt man ihn in die Schweiz, zu den Marianisten in Freiburg.

Den Militärdienst leistet er in Straßburg beim zweiten Jagdfliegerregiment. Als Offiziersschüler wird er 1922 nach Casablanca versetzt. Als man ihm im Jahr darauf vorschlägt, Berufspilot bei der Armee zu werden, protestiert die Familie seiner Verlobten, und so tritt er als Büroangestellter in die Ziegeleien von Boiron ein. Aber er fliegt so oft er kann. Später arbeitet er für die Automobilwerke Saurer. 1926 veröffentlicht er in einer kleinen Zeitschrift eine Novelle mit dem Titel „L'Aviateur" („Der Flieger").

Am 11. Oktober 1926 stellt ihn die Fluggesellschaft Latécoère ein. In Toulouse lernt er dann Didier Daurat, den Betriebsdirektor der Aéropostale, kennen. Vom Frühling 1927 an übernimmt er als Pilot zusammen mit seinen Fliegerkameraden (Vacher, Mermoz, Guillaumet, Estienne) und den anderen Pionieren die Postflüge auf der Strecke Toulouse–Casablanca, später Dakar–Casablanca. Bald darauf ernennt man ihn zum Postenkommandanten des Flugplatzes auf Cap Juby, mitten im marokkanischen Aufstandsgebiet. Während der achtzehn Monate, die er dort verbringt, schreibt er vorwiegend an seinem Roman *Courrier Sud (Südkurier)*, der 1928 erscheint. Im darauffolgenden Jahr wird er nach Lateinamerika entsandt und zum Direktor der Fluggesellschaft *Aeroposta Argentina* ernannt.

Am 13. Juni 1930 gerät Guillaumet in einen Schneesturm. Saint-Exupéry sucht ihn fünf Tage lang – vergebens. Am 30. Juni erfährt er, daß es Guillaumet gelungen ist, sich zu retten. Bei ihrem Wiedersehen sagt dieser: „Was ich getan habe, kein Tier hätte es fertiggebracht ...“

Saint-Exupéry schreibt *Vol de Nuit (Nachtflug);* Hauptfigur ist Rivière (Daurat). Das 1931 veröffentlichte Buch wird mit dem „Prix Fémina" ausgezeichnet. In der Zwischenzeit ist die Aéropostale zwangsliquidiert worden. Daurat hat die Gesellschaft verlassen, und Saint-Exupéry hat Consuelo Suncin geheiratet, die er in Buenos Aires kennengelernt hatte. 1934 beginnt er bei der Air-France zu arbeiten, wo er durchsetzt, daß er an Bord einer „Simoun" den Flug Paris–Saigon versuchen darf. Am 29. Dezember 1935 fliegt er nach Ägypten ab, muß aber in der Wüste notlanden. Nach fünftägigem Marsch zusammen mit seinem Bordmechaniker Prévot wird er schließlich von der Karawane eines Schweizer Ingenieurs gerettet.

1936 beginnt er mit dem Entwurf eines Düsenflugzeugs. Im selben Jahr kommt sein Freund Mermoz ums Leben. 1937 unterbreitet Saint-Exupéry dem Luftfahrtministerium seinen Wunsch, mit der „Simoun" den Langstreckenflug New York–Feuerland zu versuchen. Er startet am 15. Februar 1938, doch nach der Zwischenlandung in Guatemala zerschellt sein Flugzeug am Pistenende. Saint-Exupéry ist schwer verletzt. Während seiner langen Genesungszeit schreibt er *Terre des Hommes (Wind, Sand und Sterne),* das im Februar 1939 herauskommt.

Bei Kriegsausbruch wird Saint-Exupéry der Fernaufklärergruppe II/33 zugeteilt und unternimmt mehrere gewagte Aufträge. Am 17. Juni 1940 kommt er nach Algier, wo er bald darauf infolge der Demobilmachung aus dem Kriegsdienst entlassen wird. Er geht zu seiner Schwester, die in der freien Zone lebt, und arbeitet an seinem Buch *Citadelle (Die Stadt in der Wüste).* Es gelingt ihm, am 5. November nach Portugal durchzukommen. Dort vernimmt er, daß Guillaumet über dem Mittelmeer abgeschossen wurde. Saint-Exupéry beschließt, sich in New York niederzulassen. Er erfährt dort, daß ihn die Vichy-Regierung ohne sein Wissen in den Conseil National gewählt hat. In der *New York Times* vom 31. Januar 1941 protestiert er gegen „diese inopportune Designierung".

In New York bringt er 1942 *Pilote de Guerre (Flug nach Arras)* unter dem Titel *Flight to Arras* heraus. Die französische Ausgabe wird auf Ersuchen der deutschen Besatzungsmacht 1943 verboten. Im Februar 1943, immer noch in New York, erscheint „Lettre à un Otage" („Brief an einen Ausgelieferten"; 2. Auflage auf deutsch 1952 mit dem Obertitel *Bekenntnis einer Freundschaft;* Anm. d. Ü.) und im April dann *Le Petit Prince (Der kleine Prinz).* Aber direkt, als die Engländer und Amerikaner in Nordafrika landen (6. November 1942), bemüht sich Saint-Exupéry, wieder in die nun unter amerikanischem Kommando stehende Gruppe II/33 in Algerien aufgenommen zu werden, und im Mai 1943 erhält er die Genehmigung. Doch nach seinem Flug über das Rhone-tal am 21. Juli mißglückt ihm die Landung, und der Befehlshaber der Staffel untersagt ihm – aus Altersgründen – weitere Flüge. Saint-Exupéry schließt sich mit großer Verbitterung in Algier in ein winziges Zimmer ein. Um sich die Zeit zu vertreiben, nimmt er seine Studien über das Düsenflugzeug wieder auf und arbeitet am Manuskript von *Citadelle (Die Stadt in der Wüste)* weiter. Dank der Intervention von John Phillips werden ihm schließlich Übungsflüge und – für eine beschränkte Anzahl von Beobachtungsflügen über Frankreich – die Wiederaufnahme in die Gruppe II/33 bewilligt.

Am 31. Juli 1944 startet er um 8 Uhr 30 zu einem letzten bewilligten Flug über der Region Grenoble-Annecy. Er kommt nicht mehr zurück.

1948 wird *Citadelle* aufgrund des maschinengeschriebenen Manuskriptes veröffentlicht. An diesem Buch hatte er seit 1933 gearbeitet und es lachend sein „postumes Werk" genannt. Die Entdeckung seiner zwar nur schwer leserlichen Aufzeichnungen im Jahre 1958 erlaubte gleichwohl, viele Fehler zu korrigieren, die der Sekretärin bei der Niederschrift der jeden Abend vor dem Schlafengehen von Saint-Exupéry auf Diktaphon gesprochenen Notizen unterlaufen waren. Die fertige Version erschien 1961 mit der Herausgabe der *Œuvres* (La Pléiade, Gallimard). Der Verfasser des Vorwortes, Roger Caillois, hat sehr treffend gesagt: „Was ich zeigen möchte, ist, daß Saint-Exupéry, vor allem von seinem Literaturverständnis her, nicht in erster Linie Schriftsteller ist. Er ist ein Mann der Tat, dem die Tat nicht genügt, da er erkannt hat, daß sie für sich allein genommen nichts bedeutet; ein Techniker, der die Gefahren der Technik nicht weniger vor Augen hat als ihren Nutzen; ein Krieger, der weder von der Bedeutung noch vom Mut noch vom Gehorsam überzeugt ist. Aber noch weniger ist er ein Literat: Sein Beruf verlangt von ihm vollen Einsatz, Genauigkeit und Wachsamkeit; dies alles kann er nicht mit Worten erbringen, sondern nur mit dem Einsatz seiner ganzen Person."

Die Nacht vom 29. Mai

John Phillips, New York, 1959

Am Morgen des 31. Juli 1944, als Antoine de Saint-Exupéry mit seiner Maschine abhob, wußte sein amerikanischer Befehlshaber etwas, was Saint-Exupéry nicht wußte. Es war das letzte Mal, daß er seine Lightning P 38 fliegen würde. Nach seiner Rückkehr würde er nicht mehr fliegen dürfen. Zurück aber kam er nie.

Die Umstände, die zu diesem letzten Flug führten, gehören zu einer sonderbaren Kette von Ereignissen, in die ich leider auch verwickelt bin.

Saint-Exupéry und die Fliegerei waren ungefähr gleich alt, und sie waren durch eine tiefe Liebe verbunden, zusammen groß geworden. Für einen Piloten war dieser Mann jedoch ein derartiger Individualist, daß es heutzutage keiner Fluggesellschaft in den Sinn käme, ihn anzustellen. Saint-Exupéry seinerseits hätten die Linienflüge und Kopiloten gelangweilt. Damals aber, als die französische Handelsluftfahrt mit dem Postflugverkehr begann – zu einer Zeit, als die Flugzeuge langsamer waren als schnelle Autos und die Flughöhe des Doppeldeckers wesentlich tiefer lag als die Gipfel der Anden, die es zu überqueren galt –, wurde Saint-Exupéry zum Sprecher der Fliegerei. Mit Worten holte er den Himmel auf die Erde. Durch ihn wurden Dunst, Wolken, Nebel und Stürme dem Denken der Leute so vertraut wie ein Bauernhof, eine Orangenplantage, ein Laden oder ein Bach. Er feierte den Mut und die Würde des Menschen; durch ihn wurde der Idealismus für diejenigen, die das Bedürfnis hatten, an etwas zu glauben, zu etwas Realem.

Als der Krieg ausbrach, galt Saint-Exupérys Aufmerksamkeit beim Fliegen wie üblich den Gedanken und nicht „materiellen" Details wie etwa dem Ausfahren des Fahrwerks, was er in letzter Sekunde zu tun pflegte. Nachdem er durch den französischen Waffenstillstand von 1940 für längere Zeit am Boden geblieben war, meldete er sich erneut zum Dienst, als seine alte Staffel nach der Landung der Alliierten in Nordafrika wieder mobilisiert wurde.

Nun waren mit der Entwicklung der Luftfahrt die Flugzeuge immer leistungsfähiger geworden – nicht aber der Mensch. Als Saint-Exupéry wieder fliegen konnte, waren er und die Fliegerei keine Altersgenossen mehr. Die neuen Kampfflugzeuge waren, wie junge Mädchen, nichts mehr für ältere Männer.

Vorschriften wie der Kodex, der des Menschen Beziehung zur Maschine regelt, erklärten, daß Saint-Exupéry nun dreizehn Jahre zu alt war, um eine Lightning P 38 zu fliegen, eine Tatsache, die er nicht akzeptieren konnte und auch nicht akzeptiert hat. *Terre des Hommes (Wind, Sand und Sterne)* hatte auf mich einen solchen Eindruck gemacht, daß ich Saint-Exupéry auf Anhieb glaubte, als er mir sagte, er müsse das neue Jagdflugzeug einfach fliegen.

Dieses Buch war unter sonderbaren Umständen in mein Leben gekommen. Es war auch an einem Tag im Juli – 1939. Damals war ich noch jung und mir nicht bewußt, daß ich ebenfalls zu den Pionieren eines Berufes gehörte. Ich hatte mir soeben ein Flugticket von Buenos Aires nach Patagonien gekauft, wohin ich unterwegs war, weil sich mein Chef brennend fürs Kap Horn interessierte. (Dieses kam für ihn gleich nach Shirley Temple und Lokomotiven.) Als er vernahm, daß ich in Buenos Aires war, schickte er mich dorthin, um das Horn rundum zu fotografieren.

In Patagonien herrschte tiefer Winter. Da die Argentinier sich nicht um diese abgelegene Provinz zu kümmern schienen, wußte keiner sehr gut über den Ort Bescheid, und niemand konnte mir sagen, wann es Flüge dorthin gab. So saß ich also im zugigen Flughafen und las, um mir die Wartezeit zu vertreiben, ein Buch, das mir eine Freundin am Vorabend geliehen hatte.

„Was für ein Zufall!" rief sie aus, als sie mich sah. „Ich habe eben ein Buch aus Paris erhalten, von einem alten Freund, der früher oft nach Patagonien geflogen ist." Sie gab es mir für die Reise mit. „*Terre des Hommes,* par Antoine de Saint-Exupéry", las ich. Es war das erste Mal, daß ich von Saint-Exupéry und seinem berühmten *Terre des Hommes* hörte.

Durch meinen Schlafmangel erschien mir der Warteraum unwirklich, als ich, bei diffuser Beleuchtung – einer Mischung zwischen dem elektrischen Licht der vergangenen Nacht und dem ersten Schimmer des anbrechenden Tages – die Seiten überflog, bis ich neben mir plötzlich einen stämmigen Mann in einer ledernen Fliegerjacke bemerkte.

„Saint-Exupéry war früher mein Vorgesetzter", sagte er, als sich unsere Blicke kreuzten. „Er war sehr streng. Einmal flog ich mit meiner Postladung in den Süden. Da sah ich, wie er in einer verlassenen Gegend eine Notlandung machte. Ich landete ebenfalls, um nachzusehen, was passiert war. Zu der Zeit waren wir nicht mit Funk ausgerüstet. Er jedoch empfing mich mit den ärgerlichen Worten: ,Ich gebe Ihnen eine Strafe von zweihundert Pesos, Rose, um Ihnen den nötigen Respekt für die Post, die Sie mitführen, beizubringen.' Saint-Exupérys Ansicht nach hätte ich zu meinem Anflughafen fliegen, die Post dort abgeben und erst dann seine Position melden sollen, anstatt selbst ein Risiko einzugehen."

All das kam mir wieder in den Sinn, als ich mich im Winter 1943/44 zufällig in Algier befand und hörte, daß Saint-Exupéry auch dort war. Ich mußte mehrere Tage dort warten, und so rief ich ihn an.

„Herr Oberst …"

„Herr Major", berichtigte er mich.

„Major Saint-Exupéry, ich möchte Sie gerne treffen. Wir haben einen gemeinsamen, alten argentinischen Freund …"

Als ich ihn traf, sah ich zunächst nur eine Silhouette, die sich in der frühwinterlichen Dämmerung vom Fenster abhob. Im Profil stach die Nase dieses Pico della Mirandola des 20. Jahrhunderts auf jene spöttische und freche Art in die Luft, die ihm den Spitznamen „Pique-la-Lune" eingebracht hatte.

Von vorne betrachtet, sah man in seinem Gesicht nur wenige Spuren der vielen Bruchlandungen, bei denen er praktisch alle Knochen im Leib gebrochen hatte. Seinen schlimmsten Absturz hatte er in Guatemala erlebt, wo er, wie er es nannte, „etwas über Gravität erfuhr und acht Tage im Koma lag". Eine Narbe, die von diesem Unfall herrührte, zog seine Augenbraue in die Höhe, was ihm einen ständigen prüfenden Ausdruck verlieh, während eine andere seinen Mund zu einem schiefen Lächeln verzog.

„Ich bin der Letzte", sagte er nachdenklich. „Glauben Sie mir, das ist ein seltsames Gefühl." Er ließ den Gedanken in der Luft hängen, und sein Blick verlor sich in der Weite des Meers.

Wir sprachen damals über Piloten wie Mermoz und Guillaumet, mit denen er sich besonders verbunden fühlte. Es war die Generation einer Zeit, als Flugzeuge mit ihren Mängeln noch menschliche Qualitäten besaßen und die Piloten noch nicht wie Raumfahrer aussahen.

Aber sowohl die Flugzeuge als auch die Zivilisation, die sie repräsentierten, hatten eine Metamorphose durchgemacht. 1940, vor der französischen Niederlage und dem Waffenstillstand, waren die Flugzeuge des Aufklärungsgeschwaders, dem Saint-Exupéry angehörte, Zweisitzer gewesen und langsam im Manöver, was dem Beobachter zugute kam. 1944 gab es keine Beobachter mehr; diese gehörten einer militärischen Vergangenheit an, die näher beim Ersten Weltkrieg lag als beim Ende des Zweiten. In diesen vier Jahren war nicht einfach nur Zeit verstrichen, sondern es war eine eigentliche Kluft entstanden. Flugzeuge wie die Lightning kamen, um eine neue Epoche anzukündigen. Auch Saint-Exupérys Gruppe wurde neu ausgestattet. Im Zuge dieser Neuerung verblieben nur zwei der alten Piloten: Gavoille und er selbst. Und gerade jetzt verboten ihm die Vorschriften das Fliegen: mit 43 war er zu alt.

Mit seiner rauhen Stimme und humorvollen Art gab er einem amerikanischen Offizier die Schuld. „Er mochte die Franzosen nicht", erklärte er. „Eine äußerst unglückliche Landung kam ihm als Vorwand gerade gelegen. Dies kam so: Das Fahrgestell versagte, und auf der linken Seite wurden Flügel und Motor beschädigt. Weil die rechte Seite schließlich auch noch etwas abbekam, wird diese Lightning nun nie mehr fliegen. Aber das ist doch noch lange kein Grund, jemandem das Fliegen zu verbieten."

Die Art, wie er sagte: „… jemandem das Fliegen zu verbieten", hatte etwas Dramatisches an sich. Damals fragte ich ihn, ob er weiterhin schreiben würde. Er schüttelte nur den Kopf.

„Ich kann nicht", antwortete er. „Ich habe kein Recht, irgend etwas zu sagen, wenn ich nicht mehr dabei bin. Nur die, die dabei sind, haben das Recht zu sprechen." Er zuckte die Achseln und führte mich in die Küche, wo er uns einen Drink zubereitete. Er mischte süßen Muskateller mit starkem Schnaps, der aus billigem Wein destilliert worden war, und zündete den Drink an, anstatt ihn zu schütteln.

Als wir wieder im Zimmer waren, starrte er gedankenverloren auf sein Glas. Nach einer Weile sagte er: „Ich will schreiben, und ich werde Ihnen das, was ich schreibe, für Ihre Publikation vermachen, wenn Sie es fertigbringen, daß ich wieder in meine Staffel aufgenommen werde."

Ich hatte volles Verständnis für seinen Wunsch, und außerdem konnte ich mir nicht vorstellen, wie er in einem düsteren, algerischen Zimmer saß, während andere Männer kämpften. So versprach ich ihm, alles zu tun, was in meiner Macht stand.

Der Zufall wollte es, daß ich in Zusammenhang mit meiner Arbeit Tex McCrary kennengelernt hatte, einen Oberst aus General Eakers Stab. General Eaker hatte als einziger die Kompetenz, Saint-Exupéry die Erlaubnis zu geben, wieder zu fliegen. Außerdem befand sich seine Kommandostelle in Caserta, unweit von Neapel, wo ich sowieso hinmußte. Ich kannte McCrarys Absichten in bezug auf den Krieg und seine militärische Karriere, und so war ich sicher, daß er Saint-Exupérys Wunsch, den Kampf wieder aufzunehmen, zu würdigen wußte.

Während ich nun in Algier auf meinen Abflug wartete, sah ich Saint-Exupéry noch öfters. Wir erkundeten zusammen die Stadt mit „thumbing rides", was, wie er mir erklärte, auf französisch „faire de l'auto-stop" hieß. Trotz seiner Eleganz wirkte er etwas deplaziert mit seiner Sommeruniform, die er unter seinem großen, blauen Regenmantel trug. Während jener Wintermonate war seine Stimmung genauso widersprüchlich wie sein Aufzug; seine sprudelnde und fröhliche Gelehrsamkeit verdeckte einen tiefen Pessimismus.

Als ausgezeichneter Mathematiker machte es ihm Spaß, knifflige Aufgaben auszuhecken. Und er wäre sehr gekränkt gewesen, hätten seine Freunde eine Lösung gefunden. Auch Biologie, Physik, Astronomie und Philosophie faszinierten ihn. Auf der anderen Seite waren seine Kartentricks besonders verblüffend. Wenn er in Stimmung war und die richtigen Zuhörer um sich hatte, spielte er Klavier mit zwei Orangen, die er auf der Tastatur rauf- und runterrollte und so Klänge erzeugte, die, gemäß seinem Publikum, jenen von Debussy zum Verwechseln ähnlich waren.

Seine große Leidenschaft aber war das „Kritzeln". Wann immer er seinen Parker-Füller in der Hand und ein Stück Papier vor sich hatte – wenn wir zum Beispiel ein Buchstabenspiel spielten oder er eine höchst verzwickte Gleichung austüftelte –, entstand irgendwann eine Figur am Rande seines Blattes, die die Welt inzwischen als „Le Petit Prince" kennengelernt hat. Als ich Saint-Exupéry fragte, wie der kleine Prinz in sein Leben getreten war, erzählte er mir, daß er eines Tages auf sein vermeintlich weißes Blatt Papier hinuntergeschaut und darauf eine kleine, kindliche Gestalt entdeckt hätte. „Ich fragte ihn, wer er sei, und er antwortete mir: ‚Ich bin der kleine Prinz.'"

Schließlich erhielt ich einen Platz und flog nach Neapel, wo ich Oberst McCrary traf. Er war der Ansicht, daß einem Mann, der am Krieg teilnehmen wolle, auch die Möglichkeit dazu gegeben werden sollte, und so versprach er, mit General Eaker zu sprechen. Noch zögerte der General. Während die endgültige Entscheidung auf sich warten ließ, kehrte ich nach Algier zurück, wo ich Saint-Exupéry äußerst aufgebracht vorfand. Seine eigene Luftkommandostelle hatte ihm vorgeschlagen, als Kopilot zu fliegen.

In der Hoffnung, General Eaker selbst überzeugen zu können, kam er mit mir nach Italien – eine unerlaubte Entfernung von der Truppe, sofern ich das beurteilen konnte. Als ich ihm beim Packen half, stellte ich fest, daß der größte Teil seiner Habe aus einem riesigen Haufen Papier bestand, der wie ein Vulkan auf einem niedrigen Tisch in die Höhe ragte. Er besaß auch einige Füllfederhalter und bat mich, sein Tintenfaß in Verwahrung zu nehmen, damit es nicht verlorengehe.

In Neapel zog er zu mir in die Wohnung und verbrachte seine Zeit damit, den Ausbrüchen des Vesuvs zuzuschauen, Kafka zu lesen, ein guter Gewinner beim Schach und ein schlechter Verlierer bei Buchstabenspielen zu sein. Sein Kampfgeist war so ausgeprägt, daß er es nicht nur haßte, sondern bei Spielen, die er nicht jedesmal gewann, überhaupt nicht mehr mitspielte. Bei den Spielen, die ihm im Blut lagen, hatte er sich jedoch immer unter Kontrolle. Es war fast schon ein Wunder, wie er in seiner Jugend Schach gespielt hatte. In den Lokalen, in denen er damals verkehrte, hatte er Gelegenheit, sich mit den lokalen Champions zu messen. Er hörte jeweils ehrerbietig zu, wenn sein Gegner, der meist eine geachtete Persönlichkeit war, ihm zu Beginn der Partie gute Ratschläge erteilte, um diesen dann mit einer an Sadismus grenzenden Befriedigung Schachmatt zu setzen. Als seine Ambitionen, ein großer Schachmeister zu werden, keine Früchte trugen, gab er das Spiel für Jahre auf.

Eines Abends übersetzte ich für McCrary Saint-Exupérys eloquentes Plädoyer, in dem er ausführte, wie wertvoll sein Beitrag als Schriftsteller sein würde, wenn man ihm wieder erlaubte, am Kampfgeschehen teilzunehmen. General Eaker gestattete ihm darauf widerwillig, mit seiner Gruppe fünf Einsätze zu fliegen.

Diese Gruppe – die II/33 –, die der *Third Photo Renaissance Group* angegliedert worden war, war in Sardinien, in Alghero stationiert.

Oberst René Gavoille, der die Staffel, der Saint-Exupéry zugeteilt war, befehligte, begrüßte uns mit einem großen Fest. Gavoille war ein kräftiger Kerl mit einem rötlichen, frischen Gesicht und einem leicht aufbrausenden Temperament. Saint-Exupéry hielt ihn für den feinsten Kerl, den Frankreich je hervorgebracht hatte. Umgeben von seinen Offizieren sah er wie eine stolze Glucke aus. Aber an den Briefings stellte er seine Staffel – und sich selber zuerst – freiwillig für die härtesten Einsätze zur Verfügung. Als Gegenleistung verlangte er, halb im Scherz, als Ration Butter und Steaks statt Margarine und Dosenfleisch.

Dosenfleisch jedoch stand häufig auf der Speisekarte, aber jedesmal wieder anders zubereitet, was den Bemühungen von Leutnant Henri zu verdanken war, einem gutmütigen Bäcker im Zivilleben, aber „un vrai lion" im Einsatz, wie sich Gavoille ausdrückte, der ihn nicht nur als Küchenchef, sondern auch als Piloten hochschätzte.

Die Mahlzeiten waren jedoch noch aus einem anderen Grunde bemerkenswert. Glücklich, wieder im Kreise von „les camarades" zu sein, bestritt Saint-Exupéry jedes Thema im Monolog, indem er aus dem Gespräch eine Reihe von Essays machte, die den gebannten Zuhörern wie verbale Soufflés vorkamen.

Atemlos waren wir auch dann, wenn er mit seiner Lightning zur Landung ansetzte, besonders wenn er uns alle – einschließlich des Ambulanzfahrers, der dahergebraust kam – davon überzeugt hatte, daß er ohne Fahrgestell landen würde.

Ich bekam aber nicht nur dann Herzklopfen, wenn er flog, sondern auch, wenn er nicht schrieb. Wie fast alle Schriftsteller begann er erst dann zu arbeiten, wenn ihm die Vorwände, es nicht zu tun, ausgegangen waren. Im Gegensatz zu anderen Autoren fielen ihm jedoch die ausgefallensten Ausreden ein.

Einige Jahre davor hatte er, um die ihn bedrängenden New Yorker Verleger zu beschwichtigen, versprochen, ihnen ein längst fälliges Kapitel beim Abendessen auszuhändigen. Als er dann mit leeren Händen erschien, schob er die Schuld seinem Schutzengel zu und gab die Unterhaltung wieder, die zwischen ihnen beiden stattgefunden hatte.

„Wie ich sehe, arbeitest du an deinem ‚Œuvre posthume‘", stellte der Schutzengel liebenswürdig fest, nachdem er einfach hereingeplatzt war. (Er bezog sich dabei auf ein voluminöses Manuskript, das postum unter dem Titel *Citadelle [Die Stadt in der Wüste]* veröffentlicht wurde.)

„Eigentlich nicht", erklärte ihm Saint-Exupéry.

„Und warum nicht?" Der Engel schien sichtlich verärgert.

„Weil ich ein Kapitel von *Pilote de Guerre (Flug nach Arras)* fertigschreiben muß, für meine amerikanischen Verleger, wundervolle Leute, die die ausserordentliche Güte hatten, mir einen großzügigen Vorschuß zu geben. Aber ich verspreche dir, daß, sobald ich fertig bin, …"

Aber der Engel unterbrach ihn.

„Und dann", schloß Saint-Exupéry, „redete er den ganzen Nachmittag auf mich ein."

Um ihm zu helfen, mit seinem Schutzengel fertig zu werden, war ich sofort bereit, die ganze Nacht aufzubleiben, als er sich endlich zu schreiben entschloß.

„Alors", fragte Gavoille am nächsten Morgen, als ich ins Zimmer kam. Voller Spannung sah er mich an. „Hat Saint-Exupéry nun etwas geschrieben, oder habt ihr die ganze Nacht Schach gespielt?"

Ich streckte ihm das Manuskript entgegen, legte mich auf ein Feldbett und beobachtete, wie seine Lippen die Worte, die er mit kritischer Aufmerksamkeit las und die sein Gemüt bewegten, lautlos formte.

Welch seltsame Nacht hatte ich damit zugebracht, Saint-Exupéry beim Schreiben zuzuschauen. Zur Ruhe zu kommen schien für ihn genauso anstrengend zu sein, wie in seine Fliegerkleider hineinzukommen, eine Tortur, der er sich mit tiefen Seufzern unterzog. Er quetschte sich in einen für seinen riesigen Rumpf viel zu kleinen, knarrenden Korbsessel, preßte seine Beine zusammen wie ein eifriges Schulkind, kauerte sich über den Schreibblock, der auf seinen Knien lag, und kritzelte in kleinen, schwarzen Buchstaben säuberliche Zeilen, die optimistisch nach rechts oben liefen. Neben ihm lag eine Uhr, nach der er öfters blickte, um seine Geschwindigkeit zu messen, wie wenn es sich um ein Armaturenbrett im Flugzeug gehandelt hätte. Auch wenn er nicht schrieb, legte Saint-Exupéry seine Uhr manchmal neben sich, um ihrem unbarmherzigen Ticken zu lauschen. Dies war in gewisser Weise Ausdruck seiner widersprüchlichen Haltung gegenüber Maschinen.

Saint-Exupéry saß in einer Ecke seines Zimmers mit den kahlen, weißgetünchten Wänden. Irgendwie erinnerte es an eine Mönchsklause. Nur der schweinslederne Koffer deutete auf die Außenwelt hin.

Der Korbsessel knackte. „Eigenartig", bemerkte er und rieb seine Handgelenke. „Es tut nur dann weh, wenn ich leserlich schreibe." Er ließ seine Finger spielen, zündete sich eine Zigarette an und schaute auf die Uhr, bevor er sich wieder seinen kleinen, schwarzen Schriftzeichen zuwandte.

Seine Bücher standen auf dem Gestell über meinem Stuhl, und ich nahm *Vol de Nuit (Nachtflug)* heraus. Es war ein einzigartiges Erlebnis, die Route jenes Postflugzeugs zu verfolgen, das auf einen Zyklon zuflog, der es zerstören würde, um dann aus dieser südamerikanischen Einsamkeit aufzutauchen und Saint-Exupéry im selben Raum vorzufinden, Tausende von Kilometern weg von der Katastrophe.

„Es ist doch einfach überwältigend", sagte er. „Wenn ich mit meiner Lightning fliege, habe ich nicht so sehr den Eindruck des Reisens, sondern vielmehr den, daß alle Orte zusammenkommen. In der Luft über Frankreich atme ich Sauerstoff von New York."

Ich nahm *Pilote de Guerre (Flug nach Arras)* aus dem Gestell, und diese Erfahrung war noch einzigartiger. Das Buch versetzte mich zurück ins Jahr 1940, zu einer französischen Aufklärungsgruppe, die täglich kleiner wurde, während die Niederlage durch Frankreichs Straßen wütete. Ein Pilot namens Saint-Exupéry machte einen letzten, vergeblichen Versuch, Informationen zu sammeln – ein Einsatz, der von vornherein sinnlos war und zur letzten Phase des Todeskampfes gehörte.

Nun war ich wieder zu Gast bei dieser Gruppe, und es schien mir, als ob ich ein Fotoalbum durchblätterte, in dem ich Bilder eines Menschen sah, den ich eben noch im Stadium einer kritischen Krankheit angetroffen hatte, von der ich nun wußte, daß sie nicht tödlich war.

Wieder flog Saint-Exupéry Einsätze, nur daß sie diesmal von Bedeutung waren: Er flog für die Invasion der Alliierten und einen bevorstehenden Sieg.

Aber dieses Glücksgefühl wurde getrübt von der Tatsache, daß der Sieg nur das an den Tag bringen würde, was er bereits wußte: Der Krieg hatte seine Werte zerstört, genauso wie das Dröhnen der Lightning das Brummen seines alten Flugzeugs übertönt hatte, und im Zug der Entwicklung hörte der Mensch allmählich auf, als ein Individuum zu existieren. Der Phönix, der sich anschickte, aus der Asche der alten Welt aufzusteigen, würde ein Roboter sein. Eine Welt, die, wie Saint-Exupéry es ausdrückte, zwar im Stande war, perfekte Klaviere vom Fließband zu produzieren, aber nicht, einen Pianisten hervorzubringen. Er sah die kommende Zivilisation als einen riesigen Ameisenhaufen, der von Robotern bevölkert wurde, die er verabscheute. Vielleicht beschäftigten ihn diese Gedanken, als ich ihn einmal beobachtete, wie er vor dem Abflug neben seiner Maschine Ameisen von einem Haufen auf einen anderen trug und die wilde Aufregung betrachtete, die er dadurch verursachte.

Niedere Triebe existierten in Saint-Exupérys Welt nicht. Ihn umgab eine ungetrübte Würde, weshalb er einmal ausrief: „Ich bin eigentlich zum Gärtner geboren!" Dies wahrscheinlich deswegen, weil für den Gärtner die Niederträchtigkeit in Form von Ungeziefer auftritt, und nicht in Form von Menschen.

Eigenartigerweise stellte sich die Welt, mit der er in Berührung kam, auf ihn ein. Als er zum Beispiel 1940 nach dem Waffenstillstand in New York lebte, fuhr er fort, sich nach der französischen Zeit zu richten. Wenn er das Bedürfnis hatte, einem Freund dort auf der Stelle ein Kabel zu schicken, so war es in der Regel zwei Uhr morgens, New Yorker Zeit. Die Telegrammgesellschaft schickte nach seinem aufgeregten Anruf dann jeweils einen alten Mann, der Nachtdienst hatte, das Telegramm abzuholen. Obschon sie sich nicht mit Worten verständigen konnten, wurden sie gute Freunde. Saint-Exupéry bemerkte bald, daß der alte Mann gerne seine Wohnung gesehen hätte, und so führte er ihn herum. Der alte Mann lud ihn daraufhin für seinen nächsten freien Tag zum Essen in seine Junggesellenwohnung ein. Da er davon überzeugt war, daß Saint-Exupéry den Weg nach Brooklyn nicht allein finden würde, holte er ihn ab und führte ihn zu sich nach Hause, wo das Abendessen, das er eigenhändig zubereitet hatte, auf sie wartete. Dann brachte er Saint-Exupéry wieder zurück, als ob es sich um ein Kind gehandelt hätte. Bei all dem wußte er von ihm nicht mehr, als daß er ein einsamer Fremder war.

Es gab einen einfachen Grund dafür, wieso Saint-Exupéry nicht Englisch sprach. Als Perfektionist hatte er nicht im Sinn, sich einer fremden Sprache auf ungeschickte Weise zu bedienen, was unweigerlich zu einem Zerrbild seiner Gedanken hätte führen müssen. So hob er denn bei jeder Gelegenheit die Vorteile hervor, derer man sich in New York erfreute, wenn man nicht Englisch sprach. „Wenn ich zum Beispiel eine Tasse Kaffee trinken möchte", erklärte er, „gehe ich auf die hübscheste Kellnerin zu und beschreibe ihr mit meiner Gestik eine Tasse, eine Untertasse, einen Löffel, Kaffee, Sahne und Zucker, was sie zum Lachen bringt. Wieso sollte ich mich also anstrengen und Englisch lernen, wenn ich dafür dann kein Lächeln mehr kriege?"

Vergnügt über seine Unkenntnis der Sprache, schuf er sich eine wundervolle Welt, die ihn so gewiß wie das Cockpit seines Flugzeugs auf tausend Fuß Höhe von aller Niedrigkeit trennte.

Diese Isolation wurde vom Kontrollturm in Sardinien, wo man nur Englisch sprach, allerdings gar nicht geschätzt. Saint-Exupéry brachte die Leute genauso zur Verzweiflung, wie die Bordsprechanlage ihn zur Verzweiflung brachte. Die Kopfhörer, beklagte er sich, würden ihm lediglich Kopfschmerzen verursachen. Seine Abneigung gegenüber dieser Verbindung zur Erde war vermutlich nicht allein technischer Natur.

Während seines ersten Einsatzes verwirrten seine aufgebrachten Klagen über die Bordsprechanlage den Kontrollturm derart, daß das Jägergeschwader und die Fliegerabwehrbatterien in Alarmbereitschaft versetzt wurden. Der Gegenbefehl erfolgte erst, als ein unmißverständliches, sehr französisches *„Merde!"* ertönte und der Kontrollturm, der den Namen „Antoine de Saint-Exupéry" nicht aussprechen konnte, versicherte, es sei nur „Major Ex", der vom Einsatz zurückkomme.

Der Korbstuhl knarrte erneut, als sich Saint-Exupéry erhob. „Ich bin fertig", sagte er. Nachdem wir das Manuskript durchgelesen hatten, traten wir hinaus auf die Terrasse der großen Villa, die über dem Mittelmeer thronte, um frische Luft zu schnappen. Saint-Exupéry blickte lange in die gelblichgrüne Dämmerung eines sich ankündigenden schönen Sommertags hinaus. Es war kühl, und er fröstelte ein wenig. Die Hände in der Tasche, schaute er hinüber zum Horizont, hinter dem er Frankreich wußte und wohin ihn ein Aufklärungsflug am folgenden Tag führen würde. Wir nahmen Abschied, da ich am selben Morgen abreiste. Ich sah ihm nach, als er über die Terrasse schlenderte und in seinem Zimmer verschwand. Plötzlich überkam mich eine große Traurigkeit, obwohl ich damals noch nicht ahnte, daß ich ihn nie mehr wiedersehen würde.

Den nachfolgenden „Brief an einen Amerikaner" schrieb Saint-Exupéry
in der Nacht vom 29. auf den 30. Mai 1944; um 5 Uhr morgens
übergab er ihn John Phillips. 1985 hat John Phillips das Manuskript der
Bibliothèque Nationale, Paris, als Geschenk vermacht.

J'ai quitté les États unis en Avril 1943 pour rejoindre en Afrique du Nord mes compagnons de guerre de Flight to Aras. J'ai voyagé à bord d'un convoi américain. Ce convoi de trente navires transbordait des États unis en Afrique du Nord cinquante mille soldats ~~américains~~ de chez vous. Quand, au réveil, je me promenais ~~retrouvais~~ sur le pont je retrouvais autour de moi cette ville en marche. Les trente navires pesaient puissamment sur la mer. Mais j'éprouvais autre chose qu'une simple sensation de puissance. Ce ~~convoi~~ évoquait pour moi l'allégresse d'une croisade. Amis d'Amérique, je voudrais vous rendre pleinement justice. Un jour peut être des litiges plus ou moins graves s'élèveront entre vous et nous. Toute nation est égoïste. Toute nation considère son égoïsme comme sacré. Il se peut que le sentiment de votre puissance matérielle vous fasse prendre aujourd'hui ou demain des avantages qui nous paraîtront nous léser injustement. Il se peut que s'élèvent (un jour) entre vous et nous, des discussions plus ou moins graves. Si la guerre est toujours gagnée par les croyants, les traités de paix quelquefois sont ~~rédigés~~ dictés par les hommes d'affaires. Eh bien si même un jour je forme dans mon cœur quelques reproches contre les décisions de ceux là, ces reproches ne me feront jamais oublier la noblesse des buts de guerre de votre peuple. Sur la qualité de votre substance profonde je rendrai toujours le même témoignage. Ce n'est pas pour la poursuite d'intérêts matériels que les mères des États unis ont donné leurs fils. Ce n'est pas pour la poursuite d'intérêts matériels que ces garçons ont accepté le risque de mort. Je sais et je dirai plus tard chez moi en vue de quelle croisade spirituelle chacun de vous s'est donné à la guerre. J'ai, parmi d'autres, ~~deux~~ souvenirs, ~~qui me montrent votre noblesse~~. (à verser comme preuves.

2

Voici la première.

Au cours de cette traversée en convoi, mêlé comme je l'étais à vos soldats, j'ai été ~~vos soi~~ nécessairement le spectateur de la propagande de guerre qui leur était destinée. Or toute propagande est un monstre amoral qui, pour être efficace, fait appel à n'importe quel sentiment noble, vulgaire ou bas. Si vos soldats étaient partis en guerre ~~par simple intérêt national~~ pour la seule défense des intérêts américains, la propagande eût avant tout insisté chaque jour sur vos puits de pétrole, vos plantations de caoutchouc, vos marchés commerciaux menacés. Or c'est à peine si elle effleurait de tels sujets. S'il était parlé d'autre chose c'est que les garçons de chez vous désiraient entendre autre chose. Et que leur disait on qui pût motiver à leurs propres yeux le sacrifice de leur vie ? On leur parlait des otages pendus de Pologne. On leur parlait des otages fusillés de France. On leur racontait quelle nouvelle forme d'esclavage menaçait d'étouffer une partie de l'humanité. On leur parlait non d'eux mêmes mais des autres. On les faisait solidaires de tous les hommes de la terre. Les cinquante mille soldats de mon convoi partaient en guerre pour sauver, non le citoyen des États unis, mais l'Homme lui même, le respect de l'Homme, la liberté de l'Homme, la grandeur de l'Homme. La noblesse de votre peuple imposait ~~cette~~ la même noblesse ~~de~~ à la propagande. Si même un jour ~~les~~ vos techniciens de la paix ~~lesdits quelquechose de~~ ~~~~ ~~~~ la France au nom de ~~vos~~ ses intérêts politiques ou matériels, ~~amoindrissaient le~~ ~~rayonnement d'un foyer spirituel unique au monde~~, ils trahiront votre véritable visage. Comment ~~j~~ oublierais-je pour quelle grande cause le peuple des États unis a combattu ?

Cette foi en vous a été confirmée à Tunis où je faisais parmi les vôtres en juillet 1943 des missions de guerre sur Lightning. C'est ~~m~~ ma seconde preuve.

23

3/

Un soir un pilote américain de vingt ans invita mes camarades et moi à dîner. Il était tourmenté par un problème moral qui lui paraissait très important. Mais il était timide et ne se décidait pas à nous exposer son secret drame de conscience. Il nous fallut le faire boire un peu pour l'enhardir. Enfin, tout rougissant, il s'expliqua.

« J'ai effectué ce matin ma vingt cinquième mission de guerre. C'était sur Trieste. J'ai été aux prises un instant avec des Messerschmidt 109. Je recommencerai demain et il se peut que je sois abattu. Vous vous savez pourquoi vous faites la guerre : il vous faut sauver votre pays. Mais je n'ai rien à voir avec vos problèmes d'Europe. Nos intérêts à nous se situent dans le Pacifique. Si donc j'accepte le risque d'être enterré ici, c'est, dans mon idée, pour vous rendre votre pays. Tout homme a le droit d'habiter libre son pays. Et je suis solidaire de tous les hommes. Mais quand mes compatriotes et moi nous vous aurons aidé à délivrer votre maison ... nous aiderez vous à votre tour dans le Pacifique ? »

Nous aurions embrassé ce jeune camarade ! Il avait besoin, à l'heure du danger, d'entendre confirmer par tous sa foi profonde en la solidarité des hommes. Et certes je sais bien que la guerre est indivisible et qu'une mission sur Trieste sert indirectement les intérêts américains dans le Pacifique. Mais il ignorait ces complications. Et, les risques de guerre, il les accepterait le lendemain « pour nous rendre notre maison ». Comment oublier un tel témoignage ? Comment ne serais-je pas ému aujourd'hui encore par ce souvenir ?

4)

Voyez vous, amis d'Amérique, il me semble que quelque chose de neuf est en formation sur notre planète. Les progrès matériels des temps modernes ont ici relié les hommes par une sorte de véritable système nerveux. Les liaisons sont innombrables. Les communications sont instantanées. Nous sommes ~~désormais~~ matériellement unis comme les cellules d'un même corps. Mais ce corps n'a point encore d'âme. Cet organisme n'a pas pris encore conscience de soi. La main ne se sait pas solidaire de l'œil. Et cependant c'est cette conscience d'une unité future qui ~~~~ tourmentait confusément ce jeune pilote de vingt ans, qui se préparait à travers lui...

Vos jeunes gens meurent dans une guerre qui pour la première fois dans l'histoire du monde est pour eux, malgré toutes ses horreurs, une confuse expérience d'amour. Ne les trahissez pas. Que ce soit eux qui dictent leur paix, le jour venu! Que cette paix leur ressemble! Cette guerre est noble, que leur foi en l'Esprit ennoblisse de même la paix...

Et moi je suis heureux parmi mes camarades de France et parmi ceux là. Après mes premières missions sur Lightning on avait découvert mon âge. Quarante trois ans! C'était un scandale. Vos règlements américains sont inhumains. On ne pilote pas à quarante trois ans un avion rapide comme le Lightning. Les longues barbes blanches s'entortillent dans les commandes et provoquent des accidents. Durant quelques mois j'ai donc chômé...

Mais comment penser sur la France où l'on ne

prend pas une part du risque ? Là bas on souffre. On lutte durement pour survivre. On meurt. Comment juger de quelque bureau de propagande ceux, même les pires, qui là bas vivent le drame dans leur chair ? Et comment aimer les meilleurs ? Aimer c'est ~~partager~~. participer, c'est partager.

Enfin j'ai dû au miracle d'une décision généreuse du général Ecker de voir tomber ma barbe blanche et j'ai retrouvé mon Lightning ...

J'ai retrouvé Gavoille, celui-là même de Flight to Arras qui commande, dans votre groupe de reconnaissance, notre escadrille française. J'ai retrouvé aussi le Hochedé de Flight to Arras, celui dont je disais autrefois qu'il était le saint de la guerre et que la guerre cette fois-ci a tué sur Lightning. J'ai retrouvé tous ceux là dont je disais que, sous le talon de l'envahisseur, ils étaient non des vaincus mais les graines ~~silencieuses~~ enfouies dans le silence de la terre. Après le long hiver de l'armistice la graine a germé. Mon escadrille d'autrefois s'est de nouveau épanouie au jour comme un arbre. J'ai la joie de participer de nouveau à ces plongées de scaphandrier que sont les missions de haute altitude. On s'enfonce, dans les territoires interdits, habillé d'instruments barbares, environné d'un peuple de cadrans. On respire au dessus de sa propre patrie un oxygène fabriqué aux Etats unis. L'air de New York dans le ciel de France, n'est-ce pas étonnant ! On ~~nomme~~ pilote ce monstre léger qu'est le Lightning P.38 à bord duquel on a l'impression, non de se déplacer, mais de se découvrir présent partout à la fois sur un continent. On

ramène des photographies qui passent sous l'analyse
stéréoscopique comme des lamelles ensemencées sous
le microscope. Les interprétateurs photographes font un
travail de bactériologues. Ils recherchent sur le corps
de la France en danger les ~~t~~ traces du virus qui
la dévore. Les fortins ennemis, les ~~avions~~ dépôts ennemis,
les convois ennemis apparaissent sous la lentille
comme des bacilles minuscules. On en peut mourir...

... Et puis la poignante méditation des heures de
vol au dessus de la France, si proche à la fois et
si lointaine! On en est séparé comme par des siècles.
Toutes les tendresses, tous les souvenirs, toutes les raisons de
vivre sont là bien étalés à trente cinq mille pieds sous
les yeux, bien éclairés par le soleil, et cependant
~~plus :~~
~~mieux interdits~~

plus inaccessibles que les trésors des pharaons sous
la vitrine d'un musée ...

Antoine de Saint Exupéry

Brief an einen Amerikaner

Antoine de Saint-Exupéry

Ich verließ im April 1943 die Vereinigten Staaten, um mich in Nordafrika wieder meinen Kriegskameraden aus *Pilote de Guerre (Flug nach Arras)* anzuschließen. Ich reiste an Bord eines amerikanischen Konvois. Dieser aus dreißig Schiffen bestehende Geleitzug brachte 50.000 Eurer Soldaten von den Vereinigten Staaten nach Nordafrika. Wenn ich jeweils beim Aufwachen auf Deck spazieren ging, sah ich mich von dieser fahrenden Stadt umgeben. Die dreißig mächtigen Schiffe zogen gewichtig über das Meer. Ich hatte jedoch nicht so sehr ein Gefühl der Macht. Dieser Konvoi rief in mir vielmehr den Jubel eines Kreuzzuges wach. Amerikanische Freunde: Ich möchte Euch volle Gerechtigkeit zuteil werden lassen. Eines Tages werden vielleicht mehr oder weniger ernste Streitigkeiten zwischen uns entstehen. Alle Nationen betrachten ihre Selbstsucht als heilig. Es kann sein, daß Ihr heute oder morgen aus dem Gefühl Eurer materiellen Macht heraus Vorteile für Euch beansprucht, die uns nicht gerechtfertigt erscheinen und uns verletzen werden. Es kann also sein, daß es eines Tages zwischen uns zu mehr oder weniger ernsten Auseinandersetzungen kommen wird. Wenn der Krieg auch stets durch die Gläubigen gewonnen wird, so diskutieren doch mitunter die Geschäftsleute die Friedensverträge. Sollten sich denn eines Tages in meinem Inneren Vorwürfe gegen die Entscheidungen dieser Leute erheben, so werde ich darüber gleichwohl nie vergessen, wie edel die Kriegsziele Eures Volkes gewesen sind. Von Eurer innersten Gesinnung werde ich immer ein positives Zeugnis ablegen. Nicht materieller Interessen halber haben die Mütter der Vereinigten Staaten ihre Söhne hergegeben. Nicht materieller Interessen halber haben die Burschen das Risiko in Kauf genommen, zu sterben. Ich weiß – und werde das später zu Hause auch sagen –, für welch geistigen Kreuzzug sich ein jeder von Euch dem Krieg hingegeben hat. Als Beweis dafür kann ich unter anderem zwei Erinnerungen erzählen.

Hier also die erste:

Da ich mich während dieser Überfahrt im Konvoi mitten unter den Soldaten befand, erlebte ich zwangsläufig auch die Kriegspropaganda mit, die für sie bestimmt war. Propaganda ist nun an sich ein amoralisches Monster, das um ihrer Wirksamkeit willen an jedes Gefühl appelliert, sei es edel, vulgär oder niedrig. Wären Eure Soldaten einzig für die Verteidigung amerikanischer Interessen in den Krieg gezogen, so hätte die Propaganda tagtäglich die Bedrohung Eurer Ölquellen, Eurer Kautschukpflanzungen und Eurer Handelsmärkte ins Zentrum gestellt. Ein derartiges Thema wurde aber kaum berührt. Wenn von etwas anderem die Rede war, so deshalb, weil Eure Burschen etwas anderes hören wollten. Und was wurde ihnen denn gesagt, das ihnen in ihren eigenen Augen Motivation genug sein konnte, ihr Leben zu opfern? Man sprach zu ihnen von den erhängten Geiseln aus Polen; man sprach zu ihnen von den hingerichteten Geiseln aus Frankreich; man erzählte ihnen, welch neue Form von Knechtschaft einen Teil der Menschheit zu ersticken drohte. Nicht von ihnen selbst war die Rede, sondern von den anderen. Man brachte sie dazu, sich mit allen Menschen der Erde verbunden zu fühlen. Die 50.000 Soldaten meines Konvois zogen nicht in den Krieg, um den Bürger der Vereinigten Staaten zu retten, sondern den Menschen überhaupt, die Achtung vor dem Menschen, seine Freiheit, seine Größe. Die Würde Eures Volkes drückte sich auch in der Propaganda aus. Wenn nun eines Tages Eure Friedensspezialisten im Namen Eurer politischen und materiellen Interessen Frankreich in irgendeiner Form einschränken, so ist dies ein Verrat an Eurem wahren Gesicht. Wie könnte ich je vergessen, für welch großartige Sache das Volk der Vereinigten Staaten gekämpft hat?

Dieser Glaube an Euch wurde mir in Tunis bestätigt, wo ich im Juli 1943 zusammen mit Euren Leuten Kriegseinsätze mit den Lightnings flog. Dies ist denn mein zweiter Beweis. Eines Abends lud ein zwanzigjähriger amerikanischer Pilot meine Kameraden und mich zum Nachtessen ein. Eine moralische Frage, die ihm sehr wichtig erschien, ließ ihm keine Ruhe. Doch war er scheu und konnte sich nicht entschließen, uns seine geheime Gewissensnot darzulegen. Wir hielten ihn also ein wenig zum Trinken an, bis er schließlich Mut faßte und uns errötend erklärte: „Ich habe heute morgen meinen 25. Kriegsauftrag ausgeführt. Es war über Triest. Ich wurde für kurze Zeit in einen Kampf mit Messerschmidts 109 verwickelt. Morgen werde ich erneut fliegen, und es ist möglich, daß sie mich dabei abschießen werden. Ihr wißt, wieso ihr im Krieg seid; ihr müßt euer Land retten. Doch ich habe mit den Problemen Europas nichts zu tun. Unsere eigenen Interessen liegen im Pazifik. Wenn ich nun aber das Risiko auf mich nehme, hier begraben zu werden, dann tue ich es, um euch euer Land zurückzugeben. Jeder hat das Recht, als freier Mensch in seinem Land zu leben. Und ich fühle mich mit allen Menschen solidarisch. Haben aber meine Landsleute und ich euch geholfen, euer Haus zu befreien …, werdet ihr uns dann euerseits im Pazifik helfen?"

Wir hätten diesen jungen Kameraden umarmen mögen! Er benötigte in der Stunde der Gefahr von allen die Bestätigung seines tiefen Glaubens an die Solidarität der Menschen. Gewiß weiß ich, daß der Krieg unteilbar ist und daß ein Einsatz über Triest indirekt den amerikanischen Interessen im Pazifik dient. Von diesen Verwicklungen wußte er aber nichts. Und so würde er die Gefahren dieses Krieges am folgenden Tag auf sich nehmen, "um uns unser Haus zurückzugeben". Wie könnte man ein solches Zeugnis vergessen? Wie sollte ich nicht auch heute noch gerührt sein bei dieser Erinnerung?

Schaut, meine amerikanischen Freunde, ich habe den Eindruck, daß auf unserem Planeten etwas Neues im Entstehen begriffen ist. Der materielle Fortschritt der Neuzeit hat die Menschen durch eine Art Nervensystem miteinander verbunden. Die Verknüpfungen sind zahllos, die Verbindungen augenblicklich. Wir sind wie die Zellen des selben Leibes physisch zusammengeschlossen. Doch dieser Leib hat noch keine Seele. Dieser Organismus ist sich seiner selbst noch nicht bewußt geworden. Die Hand weiß noch nicht, daß sie mit dem Auge verbunden ist. Und gleichwohl war es dieses Bewußtsein einer künftigen Einheit, das sich im jungen Piloten vage regte, ja sich in ihm ankündigte …

Eure jungen Männer sterben in einem Krieg, der zum ersten Mal in der Weltgeschichte für sie, trotz all seiner Schrecken, eine Art Liebeserfahrung ist. Verratet sie nicht! Laßt sie es sein, die ihren Frieden diktieren, wenn der Tag gekommen ist! Möge dieser Friede ihnen gleichen! Dieser Krieg ist würdevoll. Möge ihr Glaube an eine hohe Gesinnung auch dem Frieden Würde verleihen … Ich selbst bin glücklich, unter meinen Kameraden aus Frankreich und bei Euren Leuten zu sein. Nach meinen ersten Einsätzen an Bord der Lightning wurde mein Alter entdeckt. 43 Jahre. Das war ein Skandal. Eure amerikanischen Dienstvorschriften sind unmenschlich. Mit 43 Jahren fliegt man keine so schnellen Maschinen wie die Lightnings. Die langen, weißen Bärte verwickeln sich in der Steuerung und provozieren Unfälle. Während einiger Monate war ich also arbeitslos …

Was über Frankreich denken, wenn man nicht einen Teil des Risikos auf sich nimmt! Dort drüben wird gelitten. Es wird hart ums Überleben gekämpft. Man stirbt. Wie denn von irgendeinem Propaganda-Zimmer aus über jene urteilen, selbst wenn es die Ärgsten sind, die dort drüben das Drama am eigenen Leib erfahren? Und wie die Besten lieben? Lieben heißt teilhaben, heißt teilen. Schließlich hatte ich es dem Wunder einer großzügigen Entscheidung von General Eaker zu verdanken, daß mein weißer Bart fiel und ich wieder zu meiner Lightning zurückkehren durfte …

Ich fand Gavoille wieder, jenen aus *Pilote de Guerre (Flug nach Arras),* der in Eurer Aufklärergruppe unsere französische Staffel befehligte. Wiedergesehen habe ich auch den Hochédé aus *Pilote de Guerre,* von dem ich einst sagte, er sei der Heilige des Krieges, und den der Krieg dieses Mal in der Lightning getötet hat. Ich habe alle wiedergefunden, von denen ich sagte, sie würden nicht als Besiegte, sondern als Samenkörner vom harten Tritt des Eindringlings in die stille Erde getreten. Nach dem langen Winter des Waffenstillstands hat das Korn gekeimt. Meine Staffel von einst hat sich im Licht wieder entfaltet wie ein Baum. Ich darf zu meiner großen Freude wieder bei den Tauchgängen dabeisein. Denn nichts anderes sind diese Erkundungsflüge in großer Höhe. Man dringt tief in die verbotenen Gebiete ein, bekleidet mit barbarischen Instrumenten und von einem Volk von Zifferblättern umringt. Über seiner eigenen Heimat atmet man einen Sauerstoff, der in den Vereinigten Staaten hergestellt wurde. Die Luft New Yorks im Himmel Frankreichs – ist das nicht merkwürdig? Man steuert die Lightning P 38 – dieses leichte Monstrum –, in der man nicht den Eindruck hat, sich fortzubewegen, sondern auf einem ganzen Kontinent überall gleichzeitig anwesend zu sein. Man bringt Aufnahmen zurück, die stereoskopisch untersucht werden wie Nährlösungen unter dem Mikroskop. Die interpretierenden Fotografen verrichten die Arbeit eines Bakteriologen. Auf dem Leib des gefährdeten Frankreichs suchen sie Spuren des Bazillus, der das Land verzehrt. Die feindlichen Befestigungen, Lager und Konvois erscheinen unter der Linse wie winzige Krankheitserreger. Man kann daran sterben –

… Und dann die schmerzlichen Betrachtungen während der Stunden über Frankreich, so nah und sogleich so fern! Man ist davon getrennt wie durch Jahrhunderte. Die ganze Liebe, die ganzen Erinnerungen, der ganze Lebensinhalt liegen da ausgebreitet, 35.000 Fuß unter unseren Augen, von der Sonne erhellt, und sind doch weniger erreichbar als die Schätze der Pharaonen in den Vitrinen eines Museums.

Alghero | Sardinien, **10. bis 30. Mai 1944**

Fotografien von John Phillips

Die Kontaktbögen zeigen alle Fotografien, die John Phillips von Major Saint-Exupéry
und seinen Staffelkameraden der Gruppe II/33 zwischen dem 10. und 30. Mai 1944 auf
der „Allied Air Base" von Alghero auf Sardinien aufgenommen hat.

Legenden zu den Kontaktbögen (jeweils von links nach rechts und von oben nach unten):

Seite 36 und 37

1 | Saint-Exupéry bei der Vorbereitung
eines Auftrags.

2, 6, 8 | Beim Üben im Cockpit seiner Lightning P 38,
einer Maschine für Erkundungsflüge in großer Höhe.

3, 7 | „Tchiki", das Maskottchen der Staffel.

4 | 28. Mai 1944, Saint-Exupéry mit einem amerikanischen
technischen Offizier vom 23. Geschwader.

9 | Mit dem technischen Unteroffizier Bonnet.

10 | Überprüfen des Fallschirms zusammen mit
Oberleutnant Henry.

11 | Saint-Exupérys Schrankfach.

12 | Von einem Einsatz zurück – Saint-Exupéry vollführt
einen „Slip".

Seite 38 und 39

1, 2, 3, 4, 8, 9, 10 | Ein Einsatz Saint-Exupérys wird
vorbereitet.

6, 7 | 28. Mai 1944. Die französisch-amerikanische
Freundschaft wird mit einem „Mechoui" gefeiert.
Den Hammel hat Saint-Exupéry gestiftet. Der Wein ist
von John Phillips.

11 | Mechaniker Berger.

Seite 54 und 55

1–12 | Start zum Erkundungsflug.

Seite 56 und 57

1, 2, 4, 5 | Der ehemalige Zuave „Grand Père" Rieutard ist
für die Flugzeughallen zuständig.

3 | Oberleutnant Puivif.

6 | Oberleutnant Jourdan.

12 | Letzte Einsatzbesprechung. Im Hintergrund das Heck einer
abgeschossenen deutschen Maschine.

Seite 58 und 59

1 | Oberleutnant Duriez und Leutnant Renoux.

3, 7 | Saint-Exupéry und John Phillips spielen „Wort mit sechs
Buchstaben".

4, 12 | Im Flugbesprechungsraum.

6 | General Bouscat und Generalleutnant Ira C. Eaker,
Oberkommandierender der Alliierten Luftstreitkräfte im
Mittelmeerraum.

10 | John Phillips und Saint-Exupéry.

Seite 60 und 61

2 | Oberleutnant Jourdan bei der allwöchentlichen
Arztuntersuchung.

4 | Das „Mechoui". Leutnant Renoux auf dem Tisch.

5 | Saint-Exupéry und Oberst Gavoille.

6 | Die Basis von Alghero aus der Vogelschau.

10 | Die Oberleutnants Brillault, Duriez und Lecerf.

Seite 62 und 63

1 | Oberleutnant Henry.

2 | Captain Finan.

4 | Oberleutnant Jourdan.

5 | Oberleutnant Duriez.

6 | Oberleutnant Henry.

9 | Saint-Exupéry, zurück von einem Auftrag.

10 | Oberst Gavoille wartet auf die Rückkehr der
Maschine.

11 | Oberleutnant Brillault.

Seite 64 und 65

1 | Die Generäle Bouscat und Eaker.

5 | Oberst René Gavoille, Befehlshaber der 1. (französischen)
Staffel „la Hache", die der Aufklärergruppe II/33 angegliedert
ist. Rechts Captain Finan, der das *23. Photo Reconnaissance
Squadron* befehligt.

10 | „Das Offizierskasino".

12 | Oberst Gavoille wartet auf die Rückkehr.

Seite 70 und 71

1 | Oberleutnant Duriez.

2 | Saint-Exupéry und Oberst Gavoille.

4 | Oberleutnant Duriez.

5 | Hauptmann Leleu, Einsatzoffizier für die Verteilung
der Erkundungsaufträge.

6 | Saint-Exupéry und Oberst Gavoille.

7 | Das Zelt für die „Operation".

8 | Leutnant Renoux.

9 | Oberleutnant Puivif.

Seite 72 und 73

1 | Saint-Exupéry und Oberst Gavoille.

3 | Oberleutnant Duriez.

5 | Saint-Exupéry und Oberst Gavoille.

6 | „In die Flugzeuge!"

7, 8, 11, 12 | Einrichten der Kameras;
Einlegen des Films;
Entwickeln des Materials.

Seite 74 und 75

1 | Oberleutnant Roussel und Oberleutnant Duriez.

6 | Grab von Oberleutnant Jules Hochédé, Aufklärungspilot und
Freund von Saint-Exupéry, der ihn in *Pilote de Guerre (Flug nach
Arras)* als Helden feiert. Über dem Mittelmeer abgestürzt
am 29. Juni 1943.

Seite 76 und 77

Saint-Exupérys Flugzeug wird zum Start bereit gemacht.

Seite 78 und 79

3 | Von links nach rechts: Oberleutnant Robinson,
Hauptmann Leleu, Oberleutnant Jourdan, Oberst Gavoille.

6, 7 | Saint-Exupéry und Gavoille.

Seite 80 und 81

2, 3, 4, 7, 10, 11 | Saint-Exupéry mit René Gavoille.

„Gavoille ist der feinste Kerl, den ich kenne." (Saint-Exupéry)

1, 8 | Saint-Exupéry.

Auszug aus dem „Kriegstagebuch" der Aufklärergruppe II/33:
31. Juli 1944. „10. Kriegseinsatz von Major Antoine de Saint-Exupéry. Flug über
die Region Grenoble-Ambérieu-Annecy. Nicht zurückgekehrt."

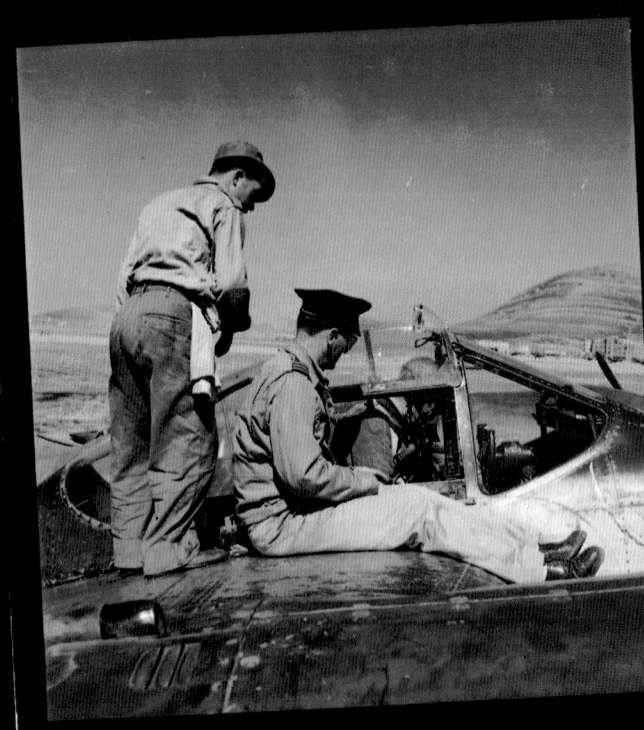

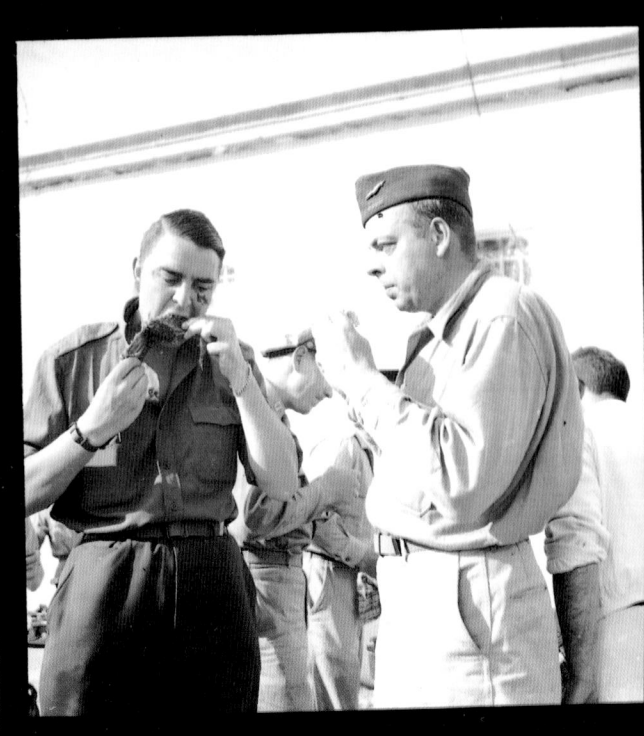

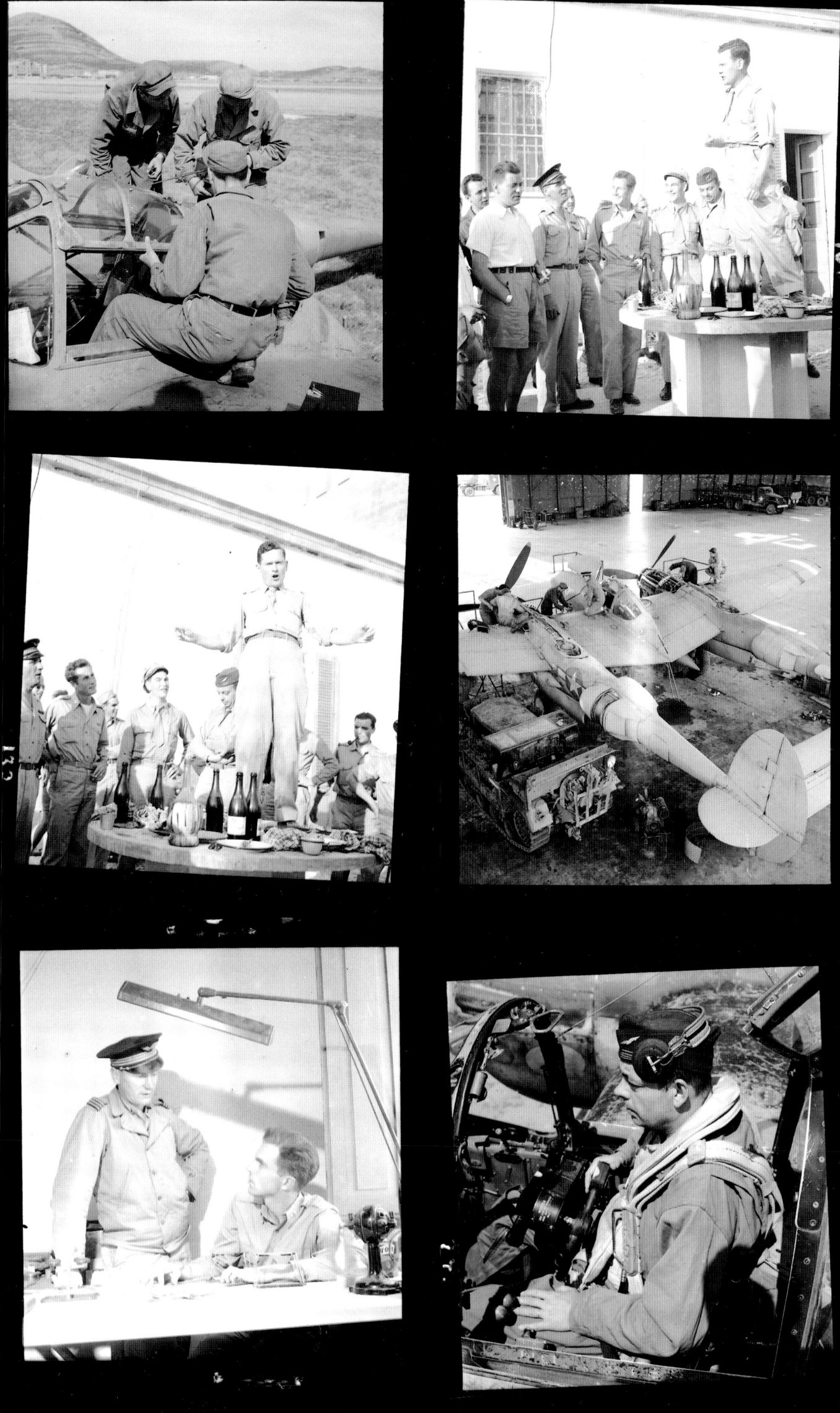

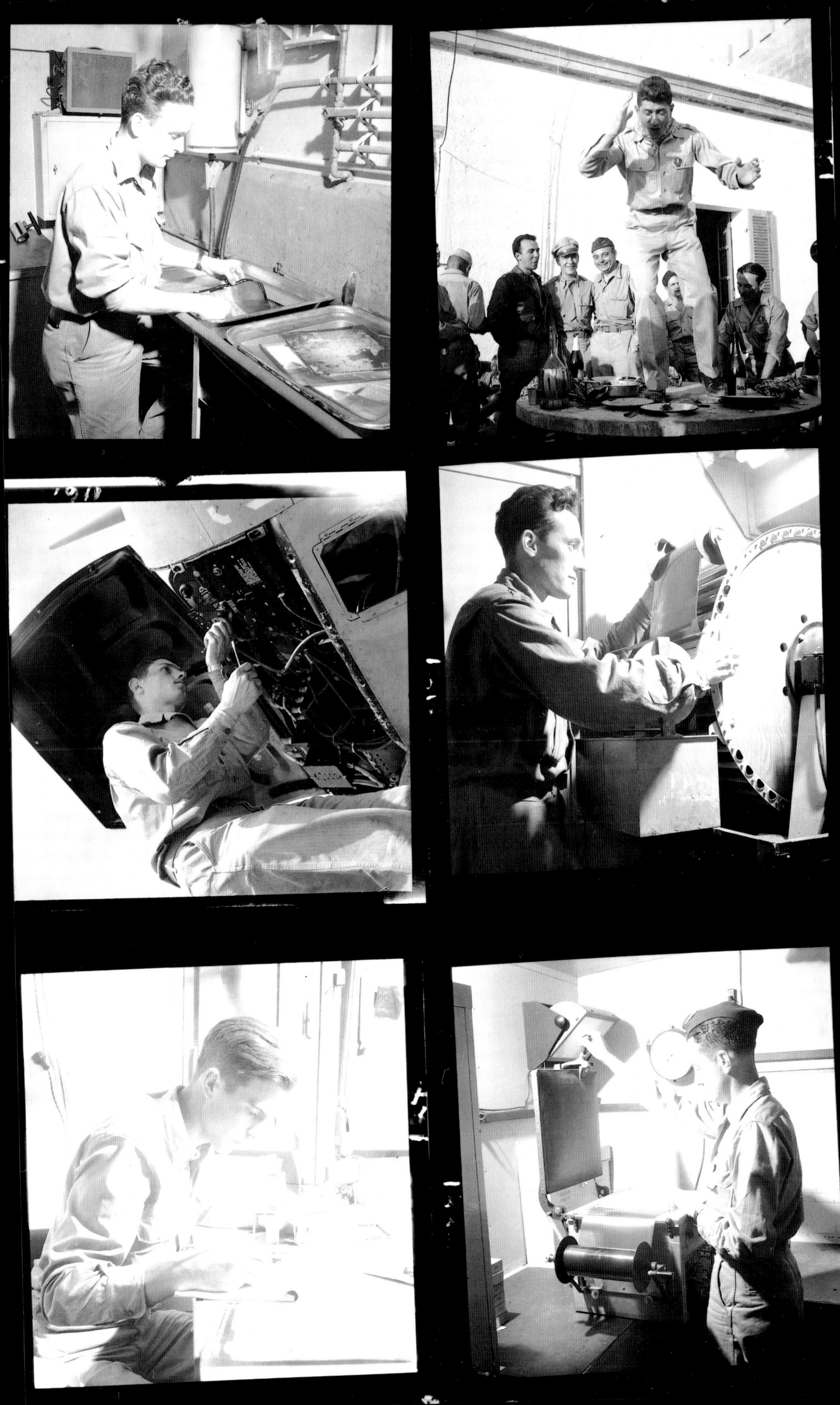

Lieutenant HOCHÉDÉ Jules
29 - 6 - 1943

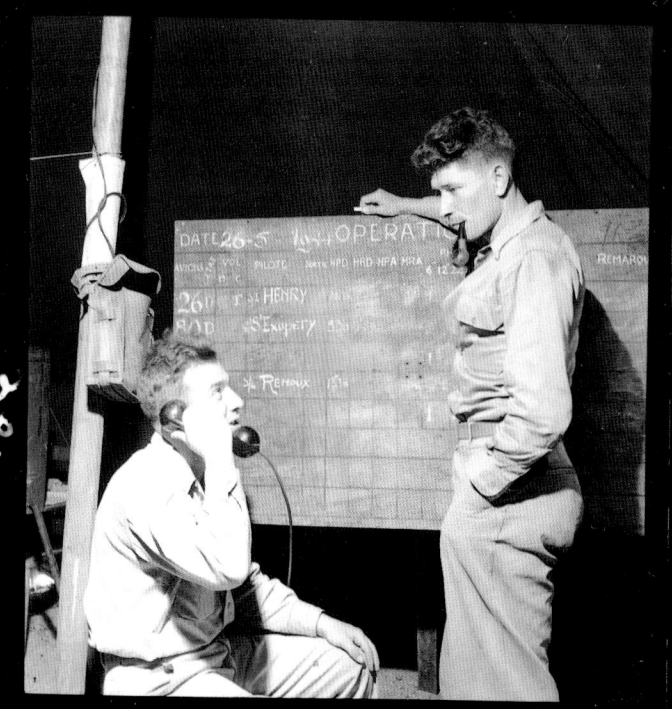

Lieutenant HOCHÉDÉ Jules
29 - 6 - 1943

Lieutenant HOCHÉDÉ Jules
29 - 6 - 1943

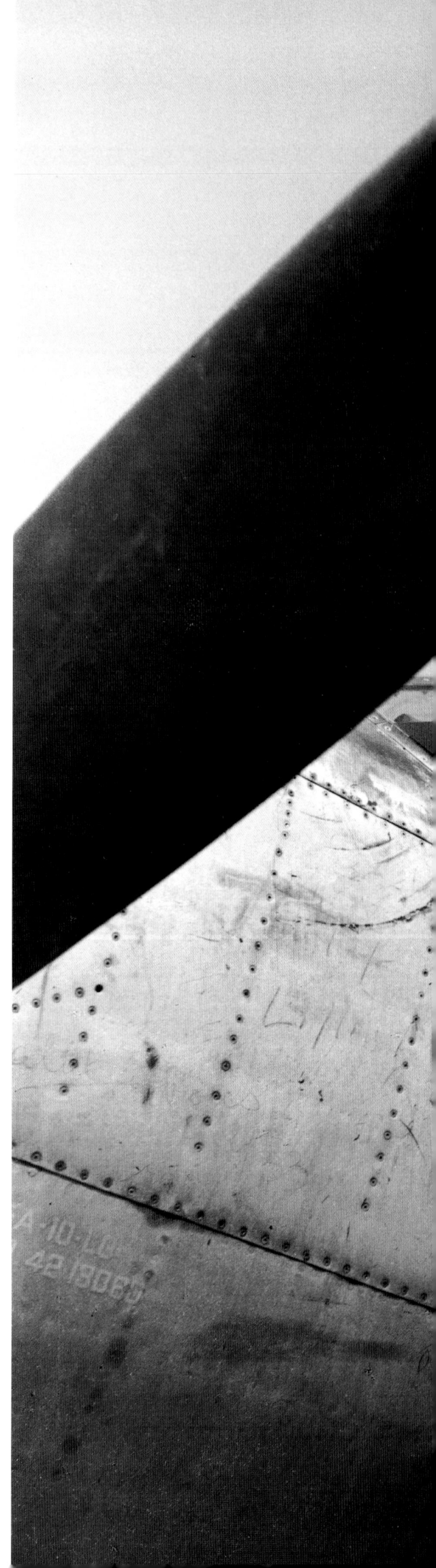

DATES.	STATIONNEMENT.	ACTIVITÉ AÉRIENNE		
		OPÉRATIONS OU EXERCICES principaux.	CONDITIONS atmosphériques.	TOTAL des heures de vol.
1	2	3	4	5
				ANNÉE
Lundi 31 Juillet.	Bastia - Borgo.		Assez bonnes	
		1 Mission photo à haute altitude sur le sud de la France. Non rentrée.		?
632		1 Mission photo. 1/2 tour ennuis oxygène. Vol de Guerre et ~~Mission de Guerre et Sortie de Guerre~~ Mission Guerre.		2,00
		Total : 2 Sorties.		2,00

Le Commandant de Saint Exupéry.